Inhalt

Branchenreport BAU & IMMOBILIEN Ausgabe 1/2011

Kernthesen

Beitrag

Zahlen und Fakten

Weiterführende Literatur

Impressum

Branchenreport BAU & IMMOBILIEN Ausgabe 1/2011

Thomas Trares

Kernthesen

- In der Bauwirtschaft legen Umsatz und Beschäftigung wieder leicht zu.
- Turbulenzen gibt es bei Deutschlands größtem Baukonzern Hochtief.
- Die Immobilienwirtschaft ist wieder auf breiter Front optimistisch.
- Im zweiten Anlauf ist der Börsengang des Berliner Wohnungskonzerns GSW geglückt.
- In China droht nach wie vor eine Immobilienblase zu platzen.

Beitrag

Die Bauwirtschaft

Im deutschen Bauhauptgewerbe ist der Umsatz 2010 um 0,3 Prozent auf knapp unter 82 Milliarden Euro gesunken. Ursprünglich hatte man einen stärkeren Rückgang erwartet. Gestützt wurde die Baukonjunktur vom Wohnungsbau, der um 6,6 Prozent zulegte. Gründe hierfür waren die bessere Konjunktur, ein wieder erwachtes Interesse an Wohnimmobilien und die niedrigen Zinsen. Der öffentliche Bau ist hingegen um 2,2 Prozent geschrumpft. Hier macht sich das Auslaufen der Konjunkturprogramme der Bundesregierung bemerkbar. Beim Wirtschaftsbau gingen die Umsätze um 4,3 Prozent zurück. Die Beschäftigung am Bau ist indes um 1,6 Prozent auf 716 000 Personen gestiegen. Insgesamt schauen die Bauunternehmen wieder optimistischer in die Zukunft. Für das laufende Jahr rechnet die Branche mit einem Umsatzplus von knapp einem Prozent auf 82,7 Milliarden Euro. Dabei dürfte der Umsatzrückgang im öffentlichen Bau durch die Steigerungen beim Wohnungsbau und Wirtschaftsbau wettgemacht werden. (1), (2), [Abb. 1]

Die Immobilienwirtschaft

Die Immobilienwirtschaft in Deutschland bot zuletzt

ein gemischtes Bild. Während die Entwickler von Wohn- und Einzelhandelsimmobilien über gute Geschäfte berichteten, war bei den Büroimmobilien die Nachfrage noch schwach. Inzwischen macht sich wieder auf breiter Front Optimismus breit. Die Immobilieninvestments sind 2010 um fast 90 Prozent auf über 20 Milliarden Euro nach oben geschnellt. Damit bewegen sie sich wieder auf Vorkrisenniveau. Zudem zeigen die Kaufpreise und Mieten bei den Gewerbeimmobilien eine stabile Tendenz. Auch bei den Wohnimmobilien rechnet die Branche wieder mit steigenden Mieten. (9), (10), [Abb. 2]

Die deutschen Baukonzerne

Bei dem größten deutschen Baukonzern Hochtief geht es derzeit rund: Geschockt hat vor allem die Gewinnwarnung bei der australischen Tochter Leighton. Diese galt bislang als die Ertragsperle des Konzerns. Zudem nahm Vorstandschef Herbert Lütkestratkötter seinen Hut. Die als feindlich eingestufte Übernahme durch den spanischen Baukonzern ACS konnte er nicht verhindern. Der Gewinn vor Steuern wird sich im laufenden Jahr möglicherweise halbieren. 2010 hatte Hochtief bei einer Bauleistung von 23,3 Milliarden Euro (plus 13 Prozent) mit einem Konzerngewinn von 288 Millionen Euro noch das höchste Ergebnis der

Unternehmensgeschichte eingefahren. Dagegen befindet sich Deutschlands zweitgrößter Baukonzern Bilfinger Berger mit einer Bauleistung von 8,1 Milliarden Euro in 2010 noch in ruhigem Fahrwasser. In Kürze wird der frühere hessische Ministerpräsident Roland Koch den Vorstandsvorsitz bei den Mannheimern übernehmen. Ins neue Geschäftsjahr ist Bilfinger Berger gut gestartet. (5), (6)

Bei den Baustoffproduzenten befindet sich HeidelbergCement wieder etwas im Aufwind. Dank der anziehenden Nachfrage nach Zement, Kies und Beton konnte der deutsche Marktführer zuletzt höhere Preise durchsetzen. Der Umsatz legte im ersten Quartal 2011 um 19 Prozent auf 2,6 Milliarden Euro zu. Nach Steuern und Zinsen verringerte sich der Fehlbetrag von 162 Millionen auf 120 Millionen Euro. 2007 hatte Heidelberger den britischen Baustoffhersteller Hanson übernommen und dabei 14 Milliarden Euro Schulden aufgehäuft. Der Schuldenberg ist inzwischen auf 8,1 Milliarden Euro abgetragen. (7)

Auch Dyckerhoff, der zweitgrößte deutsche Baustoffkonzern, ist gut ins neue Jahr gekommen. Absatz und Umsatz stiegen deutlich. Für das Gesamtjahr erwartet Dyckerhoff einen zunehmenden Zementverbrauch, vor allem in der Ukraine und Russland. Gerade in Osteuropa sind die Wiesbadener stark engagiert. Deswegen soll der Konzernumsatz

2011 von 1,4 Milliarden auf 1,5 Milliarden Euro steigen. Auch das Ergebnis dürfte sich deutlich erhöhen. (8)

Immobiliengesellschaften, Immobilienfinanzierer und Immobilienmakler

Die Immobiliengesellschaften boten zuletzt ein gemischtes Bild. Die auf Gewerbeimmobilien spezialisierten Firmen hatten krisenbedingt mit hohen Leerständen zu kämpfen. Die IVG bewegte sich lange Zeit am Rande der Pleite. 2010 erwirtschafteten die Bonner wieder einen Gewinn, der Schuldenberg ist aber nach wie vor hoch. Für Irritationen sorgte nun der Rücktritt des als Sanierer geholten Vorstandschefs Gerhard Niesslein. (4)

Etwas besser lief es zuletzt bei den Wohnungsunternehmen. Allerdings steht die Gagfah, mit 170 000 Einheiten Deutschlands größter börsennotierter Wohnkonzern, derzeit in der Kritik. Mit der Stadt Dresden befindet man sich im Rechtsstreit. Zudem gibt es Vorwürfe, dass Gagfah den Wohnungsbestand vernachlässige, um die Rendite zu steigern. Finanziell steht die Gagfah besser da als vor einem Jahr. Nach Steuern verdiente man 2010 eine schwarze Null. Auch der Deutschen

Annington, dem mit 220 000 Einheiten größtem Wohnungskonzern in Deutschland, wirft man vor, zu wenig in den Wohnungsbestand zu investieren. Darüber hinaus ging kürzlich der Wohnungskonzern GSW im zweiten Anlauf an die Börse. Das Emissionsvolumen betrug 468 Millionen Euro. Allerdings fließt davon ein Großteil in den Taschen der Alteigentümer Goldman Sachs und Ceberus. (11), (16), (17)

In der Finanzkrise sind die Immobilienfinanzierer am stärksten unter die Räder gekommen. Um einen Systemkollaps zu verhindern, musste der Staat die Hypo Real Estate (HRE) komplett übernehmen und mit milliardenschweren Garantien ausstatten. Inzwischen sind die faulen Kredite in eine Bad-Bank ausgelagert. Das Kerngeschäft, das unter dem Namen Deutsche Pfandbriefbank weitergeführt wird, hat nun drei Quartale in Folge schwarze Zahlen geschrieben. Allerdings muss die HRE 1,6 Milliarden Euro Bundeshilfe an ihre Abwicklungsanstalt weiterreichen. Deshalb dürfte sie 2011 noch einmal tiefrote Zahlen schreiben. Deutlich besser sieht es bei der Aareal Bank aus. Die Wiesbadener schreiben schwarze Zahlen und stellten bereits für 2012 weiter steigende Gewinne in Aussicht. Die Hilfen aus dem Bankenrettungsschirm sind bereits zurückgezahlt. (13), (14)

Bei den Immobilienmaklern war die Entwicklung

zuletzt gespalten. Während es bei den Gewerbeimmobilien hakte, ging es bei den Wohnungsmaklern wieder bergauf. Beim größten Makler Engel & Völkers stieg im ersten Quartal 2011 der Umsatz um 27 Prozent auf 42,73 Millionen Euro. Bei den Gewerbeimmobilien betrug der Zuwachs 14,9 Prozent auf 8,4 Millionen Euro, bei den Wohnimmobilien 30 Prozent auf 31,9 Millionen Euro. Von einem robusteren Wohnungsmarkt profitierten im vergangenen Jahr auch die zehn LBS-Immobiliengesellschaften (LBS-I). Insgesamt vermittelten sie 31 500 Immobilien im Wert von über 4,5 Milliarden Euro, ein Zuwachs gegenüber dem Vorjahr von zehn Prozent. (12), (15)

Die internationale Baubranche

Die globale Baubranche wurde in den vergangenen Jahren von den Ausläufern der Immobilienkrise in den USA in Mitleidenschaft gezogen. In vielen Ländern stützen Konjunkturprogramme die Bautätigkeit. Die Perspektiven sind derzeit wieder positiv, wenn auch regional unterschiedlich stark ausgeprägt. In Europa dürfte 2011 das Wohnungsbauvolumen wieder zunehmen. Besonders kräftig wird die Erholung in Skandinavien ausfallen. In Griechenland, Spanien, Portugal und Irland wird es wegen der dortigen Staatsschuldenkrisen kaum

Impulse geben. Die größten europäischen Baukonzerne kommen mit Vinci und Bouygues aus Frankreich. Vinci konnte in 2010 einen Umsatzsprung um 8,6 Prozent auf 33,3 Milliarden Euro verzeichnen, größtenteils begründet durch Übernahmen wie etwa des Anlagen- und Automatisierungstechnik-Konzerns Cegelec. Bouygues hat 2010 vor allem im Baugeschäft schwer gelitten und verzeichnete einen leichten Umsatzrückgang auf 31,2 Milliarden Euro. 2011 rechnet man aufgrund der positiven Auftragssituation wieder mit einem Umsatzplus von 2 Prozent auf 31,7 Milliarden Euro. Stark sind die Baukonzerne traditionell auch in Spanien. Der dortige Marktführer ACS ist gerade dabei, die deutsche Hochtief zu übernehmen, die 2010 noch mit einem Umsatz von 20,2 Milliarden Euro auf Rang drei in Europa lag. (3), (5), (26), (27)

In Amerika dürfte sich Baukonjunktur in diesem Jahr bestenfalls stabilisieren. Das gilt besonders für den privaten Wohnungsbau. Stützend wirken die staatlichen Konjunkturprogramme. Die besten Perspektiven hat die Bauwirtschaft zurzeit in Asien und im pazifischen Raum. Zweistellige Zuwächse dürfte es in Indien geben. In Australien sind die Aussichten aufgrund des starken Bevölkerungswachstums ebenfalls positiv. In China wächst der Markt ebenfalls rasant, allerdings baut sich dort möglicherweise eine Blase auf. (3)

Die internationalen Immobilienmärkte

Vor der Finanzkrise haben in Europa vor allem die Immobilienmärkte in Großbritannien, Spanien und Irland geboomt. Entsprechend sind in diesen Ländern auch die Rückschläge besonders stark ausgefallen. Nach wie vor ist der Preisverfall nicht gestoppt. Für 2011 werden bei den Wohnimmobilien Rückgänge von zwei bis drei Prozent in Großbritannien und zehn bis zwölf Prozent in Irland vorausgesagt. Bei den Investitionen dürfte es in diesem Jahr in Europa wieder deutlich bergauf gehen. Bei den Gewerbeimmobilien ist von Zuwächsen um bis zu 30 Prozent die Rede. Das Volumen lag 2010 bei 102 Milliarden Euro. Die größten Märkte sind Großbritannien mit 43 Milliarden Euro, Deutschland mit 20 Milliarden Euro und Frankreich mit elf Milliarden Euro. Deutliche Zuwächse sind in Mittel- und Osteuropa sowie in Skandinavien zu erwarten. Auch Russland und die Türkei dürften künftig stärker gefragt sein. (18), (19), [Abb. 3]

Keimzelle der Finanzkrise war der US-Immobilienmarkt, wo der Preisverfall bereits 2007 einsetzte. Bis heute ist noch keine grundlegende Trendwende in Sicht. 2011 dürften die Preise in den USA noch immer leicht sinken. Gleichwohl ist die

Überbewertung der bis 2006 gewachsenen Immobilienblase zu einem großen Teil abgebaut. Für Wachstum bei den globalen Immobilieninvestments sorgen Brasilien, Russland, Indien und China. 2010 war das weltweite Transaktionsvolumen um etwa die Hälfte hochgeschnellt, in diesem Jahr dürfte es um weitere fünf bis zehn Prozent auf dann gut 600 Milliarden Dollar nach oben gehen. (18), (19)

Trends

Die Immobilie im Lichte der Demografie

Die Immobilienwirtschaft wird vom Bevölkerungsrückgang besonders betroffen sein. Bislang war man davon ausgegangen, dass die Metropolregionen wegen ihrer hohen Attraktivität von einer sinkenden Nachfrage verschont bleiben. Viele Wohnungsinvestoren haben sich deswegen auf die Ballungszentren konzentriert. In den Großstädten Berlin, Frankfurt am Main, Hamburg, München und Stuttgart sind in den vergangenen Jahren die Preise kräftig gestiegen sind. In den Kleinstädten und auf dem Land drückt jedoch die Furcht vor dem demografischen Wandel auf die Preise. Viele

Standorte könnten jedoch attraktiver sein als bislang angenommen. Das Bundesinstitut für Bau-, Stadt- und Raumforschung (BBSR) hat errechnet, dass die Bevölkerung in etlichen mittelgroßen Städten doch nicht schrumpfen wird. In Baden-Baden etwa ging man bisher davon aus, dass die Einwohnerzahl bis 2020 um zwölf Prozent sinkt, tatsächlich wird die Bevölkerung aber wachsen. Der Grund: Die Kommune hat sich inzwischen als Seniorenwohnsitz etabliert. Für eine Reihe von Städten haben die Forscher nun ihre früheren Prognosen nach oben revidiert, unter anderem für Unna, Aachen, Bremen, Hamm, Ludwigshafen, Mannheim und Neu-Ulm. (20)

Platzt in China eine Immobilienblase?

In China hat das starke Wirtschaftswachstum in den vergangenen Jahren auch den Bau- und Immobiliensektor befeuert. In den ersten Monaten 2011 sind in 50 der 70 wichtigsten Städte die Preise deutlich gestiegen. Dafür dass die Entwicklung anhält spricht sowohl der hohe Wohnungsbedarf als auch die nach wie vor notwendigen Investitionen in den Ausbau der Infrastruktur. Befürchtet wird allerdings, dass die Märkte heiß gelaufen sein könnten und ein Preisverfall nur noch eine Frage der Zeit ist. Die Regierung in Peking versucht inzwischen, die Immobilienkonjunktur abzukühlen. So dürfen die Banken nicht mehr unbegrenzt Immobilienkredite vergeben. Zudem hat man eine Immobiliensteuer eingeführt, und die Notenbank hat schon mehrfach die Zinsen angehoben. Die Ratingagentur Moody's senkte mittlerweile den Ausblick für die Bauwirtschaft von "stabil" auf "negativ". Moody's schließt nicht aus, dass der Verkauf von Eigentumswohnungen und Einfamilienhäusern in diesem Jahr um bis zu 30 Prozent zurückgehen könnte. (21), (22)

Zahlen & Fakten

Abbildung 1: Umsatz und Beschäftigte im Bauhauptgewerbe 2007 - 2011

Jahr	Umsatz	Beschäftigte
2007	80,7	714.000
2008	85,6	705.000
2009	82,3	705.000
2010	81,9	716.000
2011*	82,7	k.A.

*Prognose Quelle: Hauptverband der Deutschen Bauindustrie, eigene Berechnungen Entnommen aus: Börsen-Zeitung, 06.11.2010, Nummer 215, Seite 9 (23)

Abbildung 2: Immobilieninvestitionen in Deutschland 2004 - 2010

Investitionen in Mrd. Euro	Gesamt	Gewerbe	Wohnen (nur Portfolios)
2004	21	12	9
2005	35,7	21,7	14
2006	53,2	43,7	9,5
2007	65,3	53,3	12
2008	25,9	21,1	4,8
2009	13,4	10,1	3,3
2010	22	18	4

Quelle: Ernst & Young Research Entnommen aus: Fakt Markt- und Branchenstatistiken (24)

Abbildung 3: Wohnungsneubau in der EU 2009 - 2013

Wohnungen* in Tausend	2009	2010	2011	2012	2013
Belgien	46,7	43,3	43,5	42,8	43,2
Dänemark	17	10	10	11	12

Deutschland	136,5	157	166	183	204
Finnland	22,2	23,5	29	30,5	31,5
Frankreich	357	320	330	325	340
Großbritannien	142,3	131	126	132	145
Irland	18	8,5	7,5	8,5	10
Italien	244,3	190,3	159	148,7	148,4
Niederlande	83	56	64	65	67,5
Norwegen	21,7	18	18	25	29
Österreich	45,4	43,2	42	41,7	42,7
Portugal	60,1	46,9	30,5	26,8	25,2
Schweden	23,1	21,3	26,4	28,6	31,5
Schweiz	39,7	42,2	43,8	45	44,8
Spanien	387	250	98	90	100
Westeuropa (EU-15)	**1.644,00**	**1.361,20**	**1.193,60**	**1.203,60**	**1.274,70**
Polen	160	165	174	180	180
Slowakei	18,8	16	16,8	16,8	17,1
Tschechien	38,5	36,3	32	35	38,5
Ungarn	32	25	27	28	33
Osteuropa (EU-4)	**249,3**	**242,3**	**249,8**	**259,8**	**268,6**
Gesamt		**1.893,00**	**1.603,50**	**1.443,40**	**1.463,40**	**1.543,30**

* Fertiggestellte Wohnungen in neu errichteten Wohngebäuden (Ein-, Zwei- und Mehrfamiliengebäude) Quelle: Euroconstruct Entnommen aus: Fakt Markt- und Branchenstatistiken (25)

Weiterführende Literatur

(1) Jahresbilanz Bauhauptgewerbe 2010: Jahresumsatz nur leicht gesunken - Auftragseingang schwächt sich zum Jahresende ab - Bau schafft mehr Arbeitsplätze
aus news aktuell, 2011-02-24

(2) Bauindustrie erwartet 2011 positive Trends im Hochbau
aus news aktuell, 2011-02-24

(3) Internationale Bauwirtschaft zeigt weiter steigende Tendenz
aus news aktuell, 2011-02-24

(4) Abrupter Führungswechsel bei IVG irritiert die Börse
aus news aktuell, 2011-02-24

(5) Hochtief schockt die Börse Prognose drastisch reduziert - Teilnahme an Leighton-Kapitalerhöhung - Tochter wird künftig enger geführt - Kurs schmiert ab
aus Börsen-Zeitung, 12.04.2011, Nummer 71, Seite 9

(6) Bilfinger Berger setzt 2011 wieder auf Wachstum - außer am Bau
aus APA-JOURNAL Bauen&Wohnen vom 30.03.2011

(7) Heidelberg Cement verringert seinen Verlust

aus Handelsblatt online vom 05.05.2011, 08:20:10

(8) Dyckerhoff setzt auf Osteuropa - ZEMENT Baustoffhersteller erwartet Erholung der Bauwirtschaft / Energiekosten steigen weiter
aus Wiesbadener Kurier vom 23.03.2011

(9) Immobilienbranche zuversichtlich für 2011
aus RISIKO MANAGER Nr. 04 vom 17.02.2011

(10) Immobilienwirtschaft startet mit Champagnerlaune ins neue Jahr
aus RISIKO MANAGER Nr. 04 vom 17.02.2011

(11) Gegenwind für Gagfah
aus Immobilien Zeitung Nr. 13 vom 31.03.2011 Seite 7

(12) LBS-Immobiliengesellschaften vermelden Wachstum
aus AssCompact Nr. 04 vom 04.04.2011 Seite 082

(13) HRE macht Gewinn
aus WELT AKTUELL, 20.05.2011, Nr. 98, S. 7

(14) Aareal sieht Ertrag weiter steigen Vorstandschef Schumacher: Im zweiten Quartal auf Kurs - 2012 nochmals besser
aus Börsen-Zeitung, 19.05.2011, Nummer 96, Seite 3

(15) Engel & Völkers steigert Umsatz
aus Süddeutsche Zeitung, 15.04.2011, Ausgabe München, Bayern, Deutschland, S. V2/1

(16) "Die lassen die Wohnungen verkommen"

aus Frankfurter Allgemeine Zeitung, 12.05.2011, Nr. 110, S. 35

(17) Anleger greifen beim Wohnkonzern GSW zu Börsengang - Das Berliner Immobilienunternehmen GSW ist im zweiten Anlauf an der Börse gestartet. Mit 19,55 Euro ging die Aktie knapp drei Prozent über dem Ausgabepreis in den Handel - das klappte, weil die Alteigner zuvor mit dem Preis heruntergegangen waren.
aus FINANCIAL TIMES Deutschland

(18) Deutsche Häuserpreise legen zu DZ Bank-Studie: Objekte in den USA, Großbritannien, Portugal und Irland verlieren 2011 an Wert
aus Börsen-Zeitung, 05.05.2011, Nummer 86, Seite 4

(19) Deutsche Häuserpreise legen zu DZ Bank-Studie: Objekte in den USA, Großbritannien, Portugal und Irland verlieren 2011 an Wert
aus Börsen-Zeitung, 05.05.2011, Nummer 86, Seite 4

(20) An welchen Orten sich Immobilien besonders rechnen
aus Welt online vom 16.03.2011

(21) China: Bauwirtschaft steht vor einem Einbruch
aus SCHWEIZER BANK Nr. 06 vom Juni 2011 Seite 56

(22) Chinas Immobilienmarkt gerät außer Kontrolle
aus Handelsblatt online vom 29.04.2011, 13:55:28

(23) "Hochtief-Übernahme würde ganze Branche

schwächen" Bauindustrie unter Druck: Konjunktur bleibt schwach, "Menetekel" Stuttgart 21, schwache Heimatbasis sowie rechtliche Nachteile
aus Börsen-Zeitung, 06.11.2010, Nummer 215, Seite 9

(24) D: Markt für Immobilien-Investment 2004-2010
aus Trendbarometer Immobilien-Investmentmarkt Deutschland 2011, Ernst & Young (Hrsg.), Januar 2011, S. 1

(25) EU: Wohnungsneubau 2009-2013
aus Ifo-Schnelldienst, 04/2011, S. 28

(26) Vinci zahlt höhere Dividende
aus Börsen-Zeitung, 03.03.2011, Nummer 43, Seite 12

(27) Bouygues hält Dividende trotz Gewinnrückgang
Bau- und Telekomkonzern leidet im Baugeschäft - Verschuldung gesenkt - Aktie steigt
aus Börsen-Zeitung, 03.03.2011, Nummer 43, Seite 11

Impressum

Branchenreport BAU & IMMOBILIEN Ausgabe 1/2011

Bibliografische Information der deutschen Nationalbibliothek

Die Deutsche Nationalbibliothek verzeichnet diese Publikation in der deutschen Nationalbibliografie; detaillierte bibliografische Daten sind im Internet über http://dnb.d-nb.de abrufbar.

ISBN: 978-3-7379-1861-9

© 2015 GBI-Genios Deutsche Wirtschaftsdatenbank GmbH, Freischützstraße 96, 81927 München, www.genios.de

Alle Rechte vorbehalten. Dieses Werk ist einschließlich aller seiner Teile – z.B. Texte, Tabellen und Grafiken - urheberrechtlich geschützt. Jede Verwertung außerhalb der Grenzen des Urheberrechtsgesetzes bedarf der vorherigen Zustimmung des Verlags. Dies gilt insbesondere auch für auszugsweise Nachdrucke, fotomechanische Vervielfältigungen (Fotokopie/Mikroskopie), Übersetzungen, Auswertungen durch Datenbanken oder ähnliche Einrichtungen und die Einspeicherung und Verarbeitung in elektronischen Systemen.